RELATION
DERNIERE
DE CE QVI S'EST
PASSE' AV VOYAGE DV
ſieur de Poutrincourt en la Nouuelle
France depuis 20. mois ença.

PREFACE.

E proverbe ancien eſt bien
veritable, que les Dieux nous
vendent toutes choſes par labeur. Ceci ſe reconoit par experience ordinaire en pluſieurs choſes, mais particulie-
rement au fait duquel nous avons à parler: auquel donne ſujet par ſes incomparables vertus
le ſieur de Poutrincourt, de qui les labeurs
plus que Herculeans ont dés y a long temps
merité vne bien ample fortune, & y euſt donné attainte au temps de nos troubles derniers,
s'il n'euſt eſté trop entier à maintenir le party
qu'il auoit embraſſé. Car le Roy le tenant en
perſonne aſſiegé dans le chateau de Beaumont

A ij

lui voulut donner le Comté dudit lieu pour se rendre à son service. Ce qu'ayant refusé, il le fit toutefois peu apres gratuitement voyant sa Majesté reduit à l'Eglise Catholique Romaine. Vray est que nostre feu Roy Henri le Grand l'auoit obligé en vne chose, c'est d'auoir rendu par sa bouche ce témoignage de lui, qu'il estoit vn des plus hommes de bien, & des plus valeureux de son royaume. Suiuant quoy aussi apres noz guerres passées, lui qui naturellement est porté aux entreprises difficiles, fuiant la vie oisive, auroit recherché l'occasion de faire plus que devant paroitre son courage, honorer son Prince, & illustrer sa patrie. Ce qu'il auroit fait par la rencontre du sieur de Monts, lequel en l'an 1603. entreprenoit le voyage de la France Nouvelle & Occidentale d'outre mer, auec lequel il se ioignit pour y reconoistre vne terre propre à habiter & y rendre service a Dieu & au Roy. A quoy il a depuis travaillé continuellement & eust desia beaucoup avancé l'œuvre, si sa facilité ne se fust trop fiée à des hommes trompeurs, qui lui ont fait perdre son temps & son argent. Voire encore estant Gentilhomme indomtable à la fatigue, & sans crainte aux hazars, il se pourroit promettre vn assez prompt avancement à son entreprise s'il n'estoit troublé par l'avarice de ceux qui lui enlevent la graisse de sa terre sans y faire habitation, & avides des Castors de ce païs là y vont exprés pour ce sujet, & ont fait à l'envi l'un de l'autre que chacune peau de Castor (qui est le traffic le plus

HISTOIRE
DE LA NOVVELLE-
FRANCE

Contenant les navigations, découvertes, & habi-
tations faites par les François és Indes Occidentales & Nouvelle-France souz l'aveu & authorité de noz Roys Tres-Chrétiens, & les diverses
fortunes d'iceux en l'execution de ces choses,
depuis cent ans jusques à hui.

*En quoy est comprise l'Histoire Morále, Naturele, & Geo-
graphique de ladite province: Avec les Tables
& Figures d'icelle.*

Par MARC LESCARBOT Advocat en Parlement
Témoin oculaire d'vne partie des choses ici recitées.

Multa renascentur quæ iam cecidere cadéntque.

Seconde Edition, reveuë, corrigée, & augmentée par l'Autheur.

A PARIS

Chez IEAN MILLOT, devant S. Barthelemi aux trois
Coronnes : Et en la boutique sur les degrez de la
grand' salle du Palais.

.M. DC. XI.

RELATION
DERNIERE
DECE QVI S'EST
PASSE' AV VOYAGE
DV SIEVR DE POVTRINCOVRT

en la Nouuelle-France
depuis 20.mois ença.

Par MARC LESCARBOT *Aduocat en Parlement.*

A PARIS,

Chez IEAN MILLOT, deuant
S. Barthelemy aux trois Couronnes.

M. DCXII.

AVEC PRIVILEGE DV ROY.

prefent de ces terres) vaut icy auiourd'hui dix
liures, qui fe pourroit bailler pour la moitié , fi
le commerce d'icelles eftoit permis à vn feul.
Et au moyen de ce pourroit prendre fonde-
ment la Réligion Chreftienne pardela ; comme certes elle y auroit efté fort avancée, fi telle
chofe euft efté faite. Et la confideration de
la Religion & de l'eftabliffement d'un païs
dont la France peut tirer du profit & de la
gloire , merite bien que ceux qui l'habitent
iouïffent pleinement & entierement des fruits
qui en proviennent, puis que nul ne contribuë
à ce deffein pour le foulagement des entrepre-
neurs, lefquels au peril de leurs vies & de leurs
moyens ônt découvert pardela tant les orées
maritimes, que le profond des terres, où iamais
aucun Chrétien n'avoit efté. Il y a vne autre
confideration que ie ne veux mettre par écrit,
& laquelle feule doit faire accorder ce que def-
fus à ceux qui fe prefentent & offrent pour habiter & defendre la province, voire pour donner du fecours à toute la France de deça. C'a
efté vne plainte faite de tout temps, que les
confiderations particulieres ont ruiné les affaires du general. Ainfi eft-il à craindre qu'il n'en
avienne en l'affaire des Terres-neuves, fi nous
la negligeons, & fi l'on ne fouftient ceux qui
d'une refolution immuable f'expofent pour le
bien, l'honneur, & la gloire de la France , &
pour l'exaltation du nom de Dieu, & de fon
Eglife.

A   iij

Voyage en la Terre-neuve.

I'Ay rapporté en mon histoire de la Nouvelle France ce qui est des deux premiers voyages faits outre mer par le sieur de Poutrincourt. Ici i'ay à écrire ce qui s'est ensuiui és voyages subsequens. Depuis quelques années vne succession lui est echeuë a cause de Dame Iehanne de Salazar sa mere, qui est la Baronnie de Sainct Iust en Champagne. Les rivieres de Seine & d'Aulbe rendent le lieu de cette Baronnie autant agreable, que fort & avantageux à la defense. Là au commencement de Février mil six cens dix il fit partie de son equippage, y ayant chargé vn bateau de meubles, viures, & munitions de guerre, voire tellement chargé qu'il n'y restoit que deux doigts de bord hors de l'eau. Cependant la riviere estoit enflée & ne se pouuoit plus tenir en son lict à cause des longues pluies hivernales. Les flots le menaçoient souuent, les perils y estoient presens, mesmement és passages de Nogent, Corbeil, Sainct Clou, Ecorche-veau, & autres où des bateaux perirent à sa veuë, sans qu'il fust aucunement emeu d'apprehension. En fin il parvint à Dieppe, & apres quelque sejour il se mit en mer le 26. dudit mois de Février. Plusieurs en cette ville là benissoient son voyage, & prioient Dieu pour la prosperité d'icelui. La saison estoit rude, & les vents le plus souvent contraires. Mais on peut bien appeller vn

voyage heureux, quand en fin on arrive à bon
port. Ils ne furent gueres loin qu'ils rencontrerent vers le Casquet vn nauire de Forbans, [a]
lesquels voyans ledit Sieur & ses gens bien
resolus de se defendre si on les attaquoit, passe-
rent outre. Le 6. de Mars ils rencontrerent vn-
ze navires Flamens, & se saluerent l'vn l'autre
de chacun vn coup de canon. Depuis le 8. iuf-
ques au 15. il y eut tempéte, durant laquelle
vne fois ledit Sieur estant couché à la poupe,
fut porté de son lict pardessus la table au lict
de son fils. Ce mauvais temps les fit chercher
leur route plus au Su, [b] & virent deux iles des
Essores, Corbes, & Flore, là où ils eurent le ra-
haichissement de quelques Marsoins qu'ils
prindrent. Et comme l'on dit que de la guerre
vient la paix, Ainsi apres ces tourmentes ils eurent des calmes iusques au iour de Pasques
Fleuries plus facheux que les tourmentes : car
quoy qu'on soit en repos, il n'y a pourtant sujet de contentement : car les vivres se mangent,
& la saison de bien faire se passe : bref vn grand
calme est fort mauvais sur la mer. Mais cela
n'est point perpetuel : & quelquefois (selon
l'inconstance d'Eole) apres le calme suit vn
vent favorable, tantost vne tempéte, comme il
survint vn peu apres (sçauoir le lendemain de
Pasques) laquelle fit faire eau à la soute, qui est
le magazin du pain, ou biscuit. Occasion que le
Charpentier du navire voulant aller remedier
au mal avenu, d'autant qu'en faisant ce qui est
de son art il troubloit les prieres publiques qui
se faisoient du matin, ledit Sieur lui comman-

da de befongner par le dehors, là où eſtant allé il trouva le Gouvernail rompu (choſe dangereuſe)lequel voulant aller racoutrer; comme il eſtoit à ſa beſongne,[a] il tomba de ſon echaffaut dedans la mer. Et bien vint que le temps ſ'eſtoit ammoderé : car autrement c'eſtoit vn homme perdu. Mais il fut garenti par la diligence des matelots, qui lui tendirent vne corde, par laquelle il ſe ſauva.

Le 11.de May la ſonde fut iettée, & ſe trouva fond à 80.[b] braſſes: indice que l'on eſtoit ſur le Banc des Moruës. Là ils s'arréterent pour auoir le rafraichiſſement de la pecherie ſoit des poiſſons, ſoit des oiſeaux qui ſont abondamment ſur ledit Banc, ainſi que i'ay amplement décrit en madite Hiſtoire de la Nouvelle France. Le Banc paſſé, apres auoir ſoutenu pluſieurs vents contraires, en fin ils terrirent vers Pemptegoet[c] (qui eſt l'endroit que noz Geographes marquent ſoubs le nom de Norombega) & fit dire la Meſſe ledit Sieur en vne Iſle qu'il nomma de l'Aſcenſion, pour y eſtre arrivé ce iour là. De ce lieu ils vindrent à Sainte Croix premiere habitation de noz François en cette côte, là où ledit Sieur fit faire des prieres pour les treſpaſſez qui y eſtoient enterrez dés le premier voyage du ſieur de Monts en l'an 1603. & furent au haut de la riviere dudit lieu de SainteCroix, où ils trouverent telle quantité de Harens à chaque marée, qu'il y en avoit pour nourrir toute vne groſſe ville. En autres ſaiſons il y vient d'autres poiſſons. Mais lors c'eſtoit le tour aux Harens. Là meſme il y a des arbres d'i-

ñeſtimable beauté en hauteur & groſſeur. Sur
cette méme côte, devant qu'arriver au Port
Royal *a* ils virent les ceremonies funebres
d'un corps mort decedé en la terre des Etechemins. Le defunct eſtoit couché ſur vn ais
appuyé de quatre fourches, & fut couvert de
peaux. Le lendemain arrive là grande aſſem-
blée d'hommes, leſquels danſerent à leur mo-
de alentour du decedé. Vn des anciens tenoit
vn long baton, où il y avoit pendues trois tétes
de leurs ennemis ; D'autres avoient d'autres
marques de leurs victoïres: & en cet etat chan-
terent & danſerent deux ou trois heures, diſans
les loüanges du mort au lieu du *Libera* que diſent les Chrétiens. Apres chacun lui fit don de
quelque choſe, comme de peaux, chaudieres,
pois, haches, couteaux, fleches, *b Matachiaz*, &
autres hardes. Toutes leſquelles ceremonies
achevées, on le porta en ſepulture en vne ile à
l'écart loin de la terre ferme. Et au partir de là
tira ledit Sieur au Port Royal lieu de ſon habitation.

*a Ceremo-
nies de fu-
nerailles.*

*b Mata-
chiaz, ce
ſont car-
quans,
echarpes,
& braſſe-
lets.*

RELIGION.

LE ſieur de Poutrincourt n'eut à-peine pris
haleine apres tant de travaux, qu'il envoya
chercher Membertou premier & plus ancien
Capitaine de cette contrée, pour lui rafrechir
la memoire de quelques enſeignemens de la
Religion Chrétienne que nous lui avions au-

trefois donné, & l'inftruire plus amplement és chofes qui concernent le falut de l'ame, afin que cetui-ci reduit, plufieurs autres à fon exemple fiffent le méme. Comme de fait il arriva. Car apres avoir efté catechizé, & les fiens avec lui, par quelque temps, il fut baptizé, & vingt autres de la troupe, le iour fainct Iehan Baptifte 1610. les noms defquels i'ay enrollé en mon Hiftoire de la Nouvelle France *a* felon qu'ils font écrits au regiftre des baptémes de l'Eglife metropolitaine de dela, qui eft au Port Royal. Le Pafteur qui fit ce chef d'œuvre fut Meffire Ieffe Fleuche natif de Lantage, diocefe de Langres, homme de bonnes lettres, lequel avoit pris fa miffion *b* de Monfieur le Nonce du Sainct Pere Euefque de Rome, qui eftoit pour lors, & eft encore à Paris. Non qu'un Euéque François ne l'euft peu faire : mais ayant fait ce choix, ie croy que ladite miffion eft auffi bonne de lui (qui eft Evéque) que d'vn autre, encore qu'il foit étranger. Toutefois i'en laiffe la côfideration à ceux qui y ont plus d'intereft que moy, eftant chofe qui fe peut difputer d'vne part & d'autre, parce qu'il n'eft pas ici en fon diocefe. Ledit Seigneur Nonce, dit Robert Vbaldin, lui bailla permiffion d'ouir pardela les confeffions de toutes perfonnes, & les abfoudre de tous pechés & crimes non refervés expreffement au fiege Apoftolique : & leur enioindre des penitences felon la qualité du peché. En outre lui donna pouvoir de confacrer & benir des chafubles & autres vétemens facerdotaux, & des paremens d'autels, excepté

a Liv. 5.
ch. 5. pa.
638.

b Miffion.

des Corporaliers, Calices, & Paténes. C'eſt ainſi
que ie l'ay leu ſur les lettres de ce octroyées audit Fleuche premier Patriarche de ces terres là.
Ie di patriarche, par ce que communement on
l'appelloit ainſi: & ce mot l'a deu ſemondre à
mener vne vie pleine d'integrité & d'innocen-
ce, comme ie croy qu'il a fait. Or ces baptizailles ne furent ſans ſolennités, Car Membertou
(& conſequemment *a* les autres) avant qu'eſtre
introduits en l'Egliſe de Dieu, fit vne reconoiſ-
ſance de toute ſa vie paſſée, confeſſa ſes pechés,
& renonça au diable, auquel il avoit ſervi. Là
deſſus chacun chanta le *Te Deum* de bon courage, & furent les canons tirés avec grand plai-
ſir, à-cauſe des Echoz qui durent audit Port
Royal, prés d'un quart d'heure. C'eſt vne grande grace que Dieu a fait à cet homme d'avoir
receu le don de la Foy, & de la lumiere Evangelique, en l'âge où il eſt parvenu, qui eſt à
mon avis de cent dix ans ou plus. Il fut nommé
HENRI du nom de noſtre feu Roy HENRI
le Grand. D'autres furent nommez des noms
du ſainct Pere le Pape de Rome, de la Royne,
& Meſſeigneurs & Dames ſes enfans, de Monſieur le Nonce, & autres ſignalez perſonnages
de deça, leſquels on print pour parrins, comme
ie l'ay écrit en madite Hiſtoire. *b* Mais ie ne voy
point que ces parrins ſe ſoient ſouvenus de
leurs filieuls, ni qu'ils leur ayent envoyé aucune choſe pour les ſuſtenter, ayder, & encoura-
ger à demeurer fermes en la Religion qu'ils
ont receuë: Car pour du pain on leur fera croire ce que l'on voudra, & peu à peu leur terre

*a Confeſ-
ſion de
Foy de
Member-
tou.*

b Pa. 638.

estant cultivée les nourrira. Mais il les faut ayder du commencement. Ce qu'a fait le sieur de
Poutrincourt tant qu'il a peu, voire outrepas-
sant son pouvoir il en a ieusné par apres, comme nous dirons ailleurs.

Retour en France.

TRois semaines apres l'arrivée dudit Sieur
en sa terre du Port Royal il avisa de ren-
voyer en France le Baron de sainct Iust son fils
ainé, ieune Gentilhomme fort experimenté à
la marine, & lequel à cette occasion Monsieur
l'Admiral a honoré du tiltre de Vice-Admiral
en la mer du Ponant és côtes de dela.   Car
ayant à nourrir beaucoup d'hommes au moins
l'espace d'un an & plus, attendant vne cueillet-
te de blez, il estoit besoin d'une nouvelle charge de vivres & marchandises propres au com-
mun vsage tant de lui & des siens, que des Sauvages. Il le fit donc partir le 8. Iuillet, lui enioi-
gnant d'estre de retour dans quatre mois, & le
conduisit dans vne Pinasse, ou grande cha-
louppe environ cent lieuës loin. En cette saison on a beau rire le long de la côte. Car il y a
des iles en grand nombre vers le Cap Fourchu, & le Cap de Sable si pleines d'oiseaux,
qu'il ne faut qu'assommer & charger, & avec
ce le poisson y foisonne en telle sorte, qu'il ne
faut que ietter la ligne en mer & la retirer. La
contrarieté du vent les ayant plusieurs fois

contraint de mouïller l'ancre parmi ces iles, leur fit faire epreuve de ce que ie di. Ainſi ledit de ſainct Iuſt s'en alla rengeant la terre l'eſpace de deux cens lieuës, iuſques à ce qu'il eut paſſé l'ile de Sable, ile dangereuſe pour eſtre baſſe & ſans port aſſeuré, ſiſe a vingt lieuës de la terre ferme vis à vis la terre de Bacaillos. Le 28. de Iuillet il eſtoit ſur le Banc *a* aux Moruës, là où il ſe rafraichit de vivres, & rencontra pluſieurs navires de noz havres de France, & vn Anglois, d'où il eut la premiere nouvelle de la mort de nôtre grand Roy HENRI. Ce qui le troubla & ſa compagnie, tant pour l'accident ſi funeſte de cette mort, que de crainte qu'il n'y euſt du trouble pardeça. Le Dimanche premier iour d'Aouſt ils quitterent ledit Banc, le 20. eurent la veuë de la terre de France, & le 21. entrerent dans le port de Dieppe.

Auancement de la Religion.

COmme le ſieur de Poutrincourt ſuivoit la côte conduiſant ſon fils ſur le retour, il trouva quelques Sauvages de conoiſſance en vne ile, où ils ſ'eſtoient cabannez, faiſans pécherie: leſquels ayant abordé, ils en furent tout ioyeux: Et apres quelques propos tenus de Membertou, & des autres, & de ce qui ſ'eſtoit paſſé en leurs baptizailles, *b* il leur demanda s'ils vouloient point eſtre comme luy, & croire en Dieu pour eſtre auſſi baptizés; A quoy ils s'accorderent apres avoir esté instruits. Et là dessus il les envoya au Port Royal pour estre plus à loisir confirmés en la Foy & doctrine Evangelique : là où estans ils furent baptizés. Cependant ledit Sieur poursuivoit sa route allant toujours avant le long de la côte , tant qu'il vint au Cap de la Héve , environ lequel endroit il laissa aller à la garde de Dieu ledit sieur de sainct Iust son fils , & virant le cap en arriere cingla vers la riviere dudit lieu de la Héve , qui est vn port large de plus de deux licuës & long de six, cuidant y trouver vn Capitaine dés long temps appellé Martin par noz François. Mais il s'en estoit retiré , à-cause de quelque mortalité là survenuë par des maladies dysenteriaques. Depuis, ledit Martin ayant entendu que ledit Sieur lui avoit fait tant d'honneur que de l'aller chercher, il le suivit à la piste avec trente-cinq ou 40. hommes , & le vint trouver vers le Cap de Sable pour le remercier d'une telle visite. Ledit Sieur homme accort & benin le receut humainement, encores qu'auparavant en l'an 1607. il y eust eu quelque colere contre lui, sur ce que passant icelui Sieur par ledit lieu de la Héve foible de gens, & se voyant environné de trois chaloupes de Sauvages pleines de peuple, il les fit ranger toutes d'un côté. Sur quoy ledit Martin ayant dit qu'il avoit donc peur d'eux, il fut en danger de voir par effet que sa conclusion estoit fausse. A cette derniere rencontre ledit Martin fut caressé & invité à se faire Chrétien, comme Membertou , & [a] plusieurs autres : &

a Acte de piété.

s'en aller au Port Royal pour y recevoir plus
ample inſtruction. Ce qu'il promit faire avec ſa
troupe. Et d'autant que les Sauvages ne vont
iamais voir leurs amis les mains vuides, il alla à
la chaſſe, afin de porter de la venaiſon audit
lieu : & cependant ledit Sieur s'avance & va
devant pour les y attendre. Mais étant environ
le Cap Fourchu , *a* le voila porté d'un vent de
terre droit à la mer, & ce ſi avant, qu'il fut ſix
iours ſans aucune proviſion de vivres (que de
quelques oiſeaux pris és iles , qu'il avoit de
reſte) & ſans autre eau douce que celle qui ſe
recuilloit quelquefois dans les voiles: Bref ſans
rien voir que ciel & eau ; & s'il n'euſt eu vne
petite bouſſolle il eſtoit en danger d'eſtre porté
à la côte de la Floride par la violence des vents,
des tempétes, & des vagues. En fin par ſon in-
duſtrie & iugement il vint terrir vers l'île
ſainte Croix, là où Oagimont Capitaine dudit
lieu lui apporta des galettes de biſcuit qu'il
avoit troquées avec noz François. Et delà
eſtant en lieu de conoiſſance il traverſa la baye
Françoiſe large en cet endroit de vingt lieuës,
& vint au Port Royal cinq ſemaines apres ſa
departie où il trouva des gens bien etonnés
pour ſa longue abſence , & qui deſia pourpen-
ſoient vn changement qui ne pouvoit eſtre
que funeſte. C'eſt ainſi qu'au peril de ſa vie,
avec des fatigues & ſouffrances incroyables il
va chercher des brebis egarées pour les ame-
ner à la bergerie de Ieſus-Chriſt , & accroitre
le Royaume celeſte. Que ſi la converſion de
ces peuples ne ſe fait par milliers , il faut penſer

que nul Prince ou Seigneur n'a iusques ici af-
fifté ledit fieur de Poutrincourt, auquel méme
les avares vont ravir ce qui eft de fa province,
& fa bonté fouffre cela, pour ne faire rien qui
puiffe aigrir les grands de deça, encores que le
Roy luy ayant donné la terre il puiffe iufte-
ment empecher qu'on ne lui enleve les fruits
d'icelle, & qu'on n'entre dans fes ports, &
qu'on ne lui coupe fes bois. Quand il aura de
plus amples moyens il pourra envoyer des
hommes aux terres plus peuplées, où il faut aller fort, & faire vne grande moiffon pour l'am-
plification de l'Eglife. Mais il faut premierement batir la Republique, fans laquelle l'Eglife
ne peut eftre. Et pour ce le premier fecours
doit eftre à cette Republique, & non à ce qui
à le pretexte de pieté. Car cette Republique
eftant établie, ce fera à elle à pourvoir à ce qui
regarde le fpirituel. Retournons au Port Royal.
Là ledit Sieur arrivé trouva Martin & fes gens
baptizés, & tous portés d'un grand zele à la
Religion Chrétienne, oyans fort devotement
le fervice divin, lequel eftoit ordinairement
chanté en Mufique de la compofition dudit
Sieur.

Ce zele s'eft reconu non feulement aux neophytes Chrétiens, comme nous particularife-
rons cy-apres; mais auffi en ceux qui n'eftoient
point encore initiés aux facrez myfteres de nôtre Religion. Car lors que ledit Martin fut baptizé, il y en eut vn tout décharné, n'ayant plus
que les os, lequel n'ayant efté en la compagnie
des autres, fe porta, à toute peine, en trois ca-

bannes cherchant ledit Fleuches Patriarche
pour estre instruit & baptizé.

Vn autre demeurant en la baye saincte Ma-
rie à plus de douze lieuës du Port Royal, se
trouvant malade, envoya en diligence faire
sçavoir audit Patriarche qu'il estoit detenu de
maladie, & craignant de mourir, qu'il desiroit
estre baptizé. Ledit Patriarche y alla, & avec
vn truchement fit envers lui ce qui estoit de
l'office d'un bon Pasteur.

Quant aux Chrétiens, vn desdits Sauvages
neophytes ci-devant nommé Acoüanis, &
maintenant Loth, se trouvant malade, enuoya
son fils en diligence de plus de vingt lieues loin
se recommander aux prieres de l'Eglise: & dire
que s'il mouroit il vouloit estre enterré au ci-
metiere des Chrétiens.

Vn iour le sieur de Poutrincourt estant allé
à la dépouïlle d'un Cerf tué par Louïs fils ainé
de Henri Membertou, comme au retour chacun s'estoit embarqué en sa chaloupe & vo-
guoit sur le large espace de la riviere du Port
Royal, avint que la femme dudit Louïs ac-
coucha, & voyans que l'enfant estoit de petite
vie, ils crierent hautement à noz gens *Tagaria, Tagaria*, c'est à dire Venez ça, Venez ça, si
bien que l'enfant fut sur l'heure baptizé par le
Pasteur susdit.

Cette année il a couru par dela plusieurs
maladies de dysenteries, qui ont esté mortelles
à ceux qui en estoient attaints. Est avenu que
ledit Martin huit iours apres son baptéme a
esté frappé de ce mal, dont il est mort.   Mais

c'eſt choſe digne de memoire que cet homme mourant avoit touiours le ſacré nom de IESVS en la bouche. Et requit en ces extremités d'eſtre enterré apres ſa mort avec les Chrétiens. Sur quoy il y eut de la difficulté. Car les Sauvages ayans encore de la reverence aux ſepultures de leurs peres & amis, le vouloient porter au Cap deSable à 40. lieuës dudit Port. Ledit Sieur d'autre part le vouloit faire enterrer ſelon qu'il l'avoit demandé. Là deſſus vn debat ſe prepare. Car leſditz Sauvages prenans en main leurs arcs & fleches, vouloient emporter le corps. Mais ledit Sieur fit armer vne douzaine d'arquebuziers, qui l'enleverent ſans reſiſtance, apres leur avoir remonſtré quelle avoit eſté l'intention du decedé, & qu'eſtant Chrétien il falloit qu'il fuſt enterré avec ſes ſemblables, comme en fin il fut, avec les prieres accoutumées en l'Egliſe. Cela fait on leur bailla à tous du pain, & ſ'en allerent contens.

Mais puis que nous ſommes ſur le propos des maladies & mortuaires, ie ne veux paſſer ſouz ſilence choſe que ie ne ſçauoy pas, & laquelle pour ne l'avoir veu pratiquer, ie n'ay point écrite en mon Hiſtoire de la Nouvelle France. C'eſt que noz Sauvages voyans vne perſonne languiſſante de vieilleſſe ou de maladie par vne certaine compaſſion ilz lui avancent ſes iours, lui remonſtrent qu'il faut qu'il meure pour acquerir vn repos, que c'eſt choſe miſerable de touiours languir, qu'il ne leur ſert plus que de fardeau, & autres choſes ſemblables, par leſquelles ils font reſoudre le patient à

la mort. Et lors ilz lui ôtent tous les viures,
luy baillent ſa belle robbe de Caſtors, ou d'autre pelleterie, & le mettent comme vn homme
qui eſt à demi couché ſur ſon lict, lui chantans
des louanges de ſa vie paſſee, & de ſa conſtan-
ce à la mort: A quoy il ſ'accorde, & repond
comme le Cygne fait ſa derniere chanſon: Cela fait, chacun le laiſſe, & ſ'eſtime heureux de
mourir pluſtot que de languir. Car ce peuple
eſtant vagabond, & ne pouuant touiours viure
en vne place, ils ne peuuent trainer apres eux
leurs peres, ou amis, vieillars, ou malades. C'eſt
pourquoy ilz les traitent ainſi. Si ce ſont malades, ilz leur font premierement des inciſions au
ventre, deſquelles les Pilotois, ou deuins ſuc-
cent le ſang. Et en quelque façon que ce ſoit,
s'ilz voyent qu'un homme ne ſe puiſſe plus
trainer, ilz le mettent en l'eſtat que deſſus, &
lui iettent contre le nombril tant d'eau froide,
que la Nature ſe debilite peu à peu, & meurent
ainſi fort reſolument & conſtamment.

Ainſi en auoit-on fait à Henri Membertou,
qui ſe trouuoit indiſpoſé. Mais il manda au
ſieur de Poutrincourt qu'il le vinſt voir ce iour
là, autrement qu'il eſtoit mort. Au mandement
ledit Sieur va trouuer Membertou au fond du
Port Royal à quatre lieuës loin de ſon fort, auquel ledit Membertou conte ſon affaire, diſant
qu'il n'auoit point encore enuie de mourir. Ledit Sieur le conſole, & le fait enleuer de la pour
le mener auec lui. Ce qu'ayant fait, & arriué audit Fort, il lui fait preparer vn bon feu, le cou-
che aupres ſur vn bon lict, le fait frotter, dor-

lotter, & bien penfer, lui fait prendre medeci-
ne, d'où s'enfuivit qu'au bout de trois iours
voila Membertou debout, preft à vivre encore cinquante ans.

On ne peut arracher tout d'un coup les
coûtumes & façons de faire inveterées d'un
peuple quel que ce foit. Les Apôtres ni plufieurs fiecles apres eux ne l'ont pas fait, té-
moins les ceremonies des chandeles de la
Chandeleur, les Proceffions des Rogations, les
Feuz de ioye de la fainct Iehan Baptifte, l'Eau
benite, & plufieurs autres traditions que nous
avons en l'Eglife, lefquelles ont efté introdui-
tes à bonne fin, pour tourner en bon vfage ce
que lon faifoit par abus. Ainfi iaçoit que la famille de Membertou foit Chrétienne, toutefois elle n'avoit efté encore enfeignée qu'il
n'eft pas loifible aux hommes d'abbreger les
iours aux vieillars, ou malades, quoy qu'ilz
penfent bien faire, mais faut attendre la volonté de Dieu, & laiffer faire fon office à la Nature.
Et de verité vn Pafteur eft excufable qui man-
que à faire chofe dont il n'a connoiffance.

Vne chofe de méme merite avint en la maladie de Martin. Car on lui ietta de l'eau fem-
blablement, pour ne le voir languir : & eftant
malade comme ledit Patriarche, & vn nommé
de Montfort lui euffent pris à la chaffe & fait
manger quelques tourtres, lefquelles il trouva
bonnes, il demandoit lors qu'on luy parloit de
Paradis, fi l'on y en mangeoit : A quoy on lui
répondit qu'il y auoit chofe meilleure, & qu'il
y feroit content. Voila la fimplicité d'un peuple

plus capable de poſſeder le royaume des cieux
que ceux qui ſçavent beaucoup , & font des
œuvres mauvaiſes. Car ce qu'on leur propoſe,
ilz le croyent & gardent ſoigneuſement , voire
reprochent aux nôſtres leurs fautes, quand ilz
ne prient point Dieu avant & apres le repas : ce
qu'a fait pluſieurs fois ledit Henri Membertou,
lequel aſſiſt e volontiers au ſervice divin , &
porte toujours le ſigne de la Croix au devant
de ſa poitrine. Méme ne ſe ſentant aſſez capable
de former des prieres convenables à Dieu , il
prioit le Paſteur de ſe ſouvenir de lui, & de tous
ſes freres Sauvages baptizés. Depuis le dernier
bapteme duquel nous avons fait mention, il y
en a eu pluſieurs autres du 14. & 16.d'Aouſt, 8.
& 9. d'Octobre 1. de Decembre 1610. Et en
ſomme ledit Paſteur fait eſtat d'en auoir baptizé ſept vingts envn an, auſquels ont eſté im-
poſez les noms de pluſieurs perſonnes ſigna-
lées de pardeça , ſelon l'affection de ceux qui
faiſoient l'office de parins, ou marines, leſquels
ont baillé des filleuls à ceux & celles qui en-
ſuiue nt.

ET PREMIEREMENT,

Monſieur le Prince de
Condé.
Monſieur le Prince de
Conty.
M. le Comte de Soiſſons.
M. le Duc de Neuers.
M. le Duc de Guiſe.
M. le Prince de Ioinuille,

M. le Prince de Tingry.
M. de Praſli n.
M. Roger Baron de
Chaource fils d udit ſieur
de Praſlain.
M. de Grieu Conſeiller au
Parlement de Paris.

M. Seruin Aduocat gene-
ral du Roy audit Parle-
ment.

M. de la Guefle Procureur
general du Roy audit
Parlement.

M. le Comte de Tonnerre.

Meffire Ieflé de Fleuchéy,
Patriarche de Canada.

M. Belot, dit de Monfort.

M. de Iouy.

M. Bertrand natif de Se-
fane, prefens & affiftans
aufdits baptefmes.

M. de Villars Archeuef-
que de Vienne en Daul-
phiné.

M. Defcars Euefque & Duc
de Langres.

M. de Gondy Euefque de
Paris.

M. Dormy Euefque de
Boulongne.

M. de Braflay Euefque de
Troyes.

M. l'Abbé de fainéte Ge-
neuiefue fils de M. de
Beauuais Nangis.

M. Abbé de Cler-
uaux.

M. de Vaufemain Baron
de Chapleine, Bailly de
Troyes.

Frere Claude de Vauuillier
Penitencier de Molefme.

M. Bareton Chanoine
grand Archidiacre & Of-
ficial de Troyes.

M. Douynet, Chanoine &
Promoteur audit Troyes.

M. Megard, Chanoine &
Threforier de fainét Vr-
bain audit Troyes.

M. Megard Licentié és
Droicts, Chanoine en
l'Eglife fainét Eftienne
audit Troyes.

M. Fombert Chanoine en
l'Eglife de Vienne.

M. Guilliet Chanoine au-
dit Viennes.

M. Bourguignon curé de
fainét Eftienne au mont
à Paris.

M. Dauiau Vicaire & re-
ceueur audit S. Eftienne.

M. Rouure curé de Lan-
tage.

M. de Marquemont audi-
teur de Rothes à Rome.

M. de Sauarre Confeiller
au Parlement de Paris.

M. Vigor Confeiller au
grand Confeil.

M. de fainét Iuft.

M. de Lantage-baratier,
fieur dudit Lantage.

M. Edme baratier fon fils.

M. de Lantage Môtleliart

M. de Sainét Simon.

M. de la Berge.

M. Augufte du Boullot,
fieur de l'Eftain.

M. Regnard Secretaire de
la Chambre du Roy, &
de Monfieur le Procu-
reur general.

Monf. Symony Sieur de
Rouelle Aduocat à
Langres.

M. Fombert Procureur en Parlement.

M. Dauant Prefident & Lieutenant general à Troyes.

M. de Bobus Lieutenant Criminel audit Troyes.

M. Bazin Procureur du Roy audit lieu.

M. Parmentier Lieutenant de robbe courte audit Troyes.

M. Iacquinet maiftre des eaux & forefts audit Troyes.

M. Megard Lieutenant des Chirurgiës audit Troyes.

M. Martin Lieutenant general au Marquifat d'Ifle.

M. l'Euefque Procureur audit lieu.

M. Iamin Greffier audit lieu.

M. de la Rue Vicaire de Virey foubs Bar.

M. Belot threforier extraordinaire des guerres en Guienne.

M. Belot Commiffaire des guerres.

M. Belot fieur du Pontor.

M. Belot Procureur au grand Confeil.

M. Hardy Receueur des tailles au Mans.

M. Marteau Secretaire du fieur Preuoft Morel.

M. Baiouë, Greffier au bailliage de Monfort Lamaury.

M. de Creffe Commis de Monfieur Eftienne Controleur des baftimens du Roy.

M. du Val Iuge & Garde de la Iuftice de Lantage.

M. de la Creufe Secretaire de Monfieur de Chaftille.

Iean, Mathieu & Gregoire de Fleuchey freres dudit Patriarche.

Pierre Rouffel fon beau frere.

Ferry Rouffel fils de Gabriel Rouffel dudit Lantage.

Robert Roy, Sergét Royal Foreftier de la foreft de Romilly.

Claude Iouguelat.

Quand aux femmes on a donné des filleules à celles qui enfuiuent.

MAdame la Princeffe de Condé

Madame la Princeffe de Conty.

Mad. la Comteffe de Soiffons.

Mad. la Ducheffe de Neuers.

Mad. de Guife.

Mad. de Longueuille.

Mad. de Praſlain mere du Sieur de Praſlain.

Mad. de Praſlain.

Meſdamoiſelles Catherine, Blanche & Claude filles dudit ſieur de Praſlain.

Mad. la Comteſſe de Tonnerre.

Mad. Anne de la Val Dame de Riccy.

Mad. Françoiſe de Faulch femme du ſieur Delantage Baratier.

Mad. Charlotte leur fille.

Mad. de Grieu.

Mad. de la Berge.

Mad. de Sauare.

Mad. Anne Arleſtain femme du ſieur de l'Eſtain.

Meſd. Philippes & Charlotte de Arleſtain ſes ſœurs.

Madam. Regnard femme dudit ſieur Regnard.

Mad. Belot Treſorier.

Madame Simony veſue de Monſieur Simony Procureur en Parlemét.

Mad. de Beaulieu.

Mad. Marguerite Simony.

Mad. Hardy.

Mad. Belot femme de mõſieur Belot Procureur.

Mad. Bajouë.

Mad. Ieanne des Marets femme du ſieur Megard Chirurgien à Troyes.

Barbe Ramin mere dudit Patriarche.

Barbe de Fleuchey ſa ſœur.

Ieanne, Clemence Rouſſel & Valentine Drouin fémes deſdits Fleuchey freres dudit Patriarche.

Voila ce que i'ay extrait d'un ordre confus des parins & marines, leſquels i'ay voulu coucher icy pour les inuiter a faire du bien à ceux qui ont eté baptizez ſoubs leurs noms, dont ie veux bien eſperer méme de ceux de baſſe condition. Que ſi la converſion de ces peuples ne va par milliers, il faut conſiderer l'eſtat du païs qui n'eſt ſi frequent en hommes que noz villages de France. On pourroit faire plus grande moiſſon qui voudroit paſſer plus outre : mais il faut vouloir ce que l'on peut, & prie Dieu qu'il vueille faire le reſte, puiſque les hommes ont cette entrepriſe tát à mépris.

Exercices.

EXERCICES.

LA pieté du ſieur de Poutrincourt veut que le premier exercice de la journée en ce païs là ſoit de prier Dieu, à l'imitation d'Abel, lequel (ce dit Philon) offrit au matin ſon ſacrifice. Ce que ne fit Cain. Et les ſages remarquent par la comparaiſon de Iacob qui receut la premiere benediction d'Iſaac, laquelle fut plus forte que celle qui fut donnée à Eſau : que ceux qui prient du matin, receuans la premiere benediction de Dieu, ont auſſi plus grande part en ſes graces. C'eſt pourquoy vn illuſtre perſonnage de nôtre temps entre ſes preceptes moraux & ſentences vrayement dorees, a écrit :

Avec le jour commence ta journee
De l'Eternel le ſainct nom beniſſant :
Le ſoir auſſi ton labeur finiſſant,
Loué-le encor, & paſſe ainſi l'annee.

C'eſt ainſi que ledit Sieur en a fait, ayant exprés mené à ſes dépens le ſuſdit Patriarche, lequel ie voy par les memoires que i'ay ne s'eſtre iamais épargné à ce qui eſtoit de ſa charge s'eſtant tranſporté quelquefois quatre, quelquefois douze lieuës loin pour baptizer des enfans de Sauvages, au mandement qu'ilz luy en faiſoient, diſans qu'ils vouloient eſtre comme Membertou, c'eſt à dire Chrétiens. Quelquefois auſſi il a conduit ſa troupe en proceſſió ſur vne montagne qui eſt au Nort de leur habitation, ſur laquelle y a vn roc quarré de toutes

parts, de la hauteur d'une table, couvert d'vne
mousse épesse où ie me suis quelquefois couché plaisammēt: i'ay appellé ce lieu le mont de
la Roque au pourtraict que i'ay fait du Port
Royal en mon Histoire, en faveur d'un mien
amy nómé de la Roque Prevost de Vimeu en
Picardie, qui desiroit prendre là vne terre, &
y enuoyer des hommes.

Le second exercice c'est de pourvoir aux ne-
cessitez de la vie, à quoy il employa ses gens
chacun selon sa vacatiō, estant arriué à la terre,
qui au labourage, qui aux batimens, qui à la
forge, qui à faire des ais, &c. Le Patriarche suf-
dit s'empara de mon étude, & de mes parterres
& jardinages, où il dit auoir trouvé arrivant là,
quantité de raves, naveaux, carottes, panais,
pois, féves, & toutes sortes d'herbes jardinieres
bonnes & plātureuses. A quoy s'estant occupé,
il y a laissé à son retour (qui fut le 17. de Iuin
dernier) vn beau champ de blé à beaux épics,
& bien fleuri.

Plusieurs autres se sont occupés à la terre,
comme estant le premier métier & le plus ne-
cessaire à la vie de l'homme. Ils en ont (comme
ie croy) maintenant recuilli les fruicts, hors-mis
des arbres fruitiers qu'ils ont plantés, lesquels
ne sont si prompts à cela.

Quant aux Sauvages ils ne sçauent que c'est
du labourage, & ne s'y peuvent addonner,
courageux seulement & penibles à la chasse &
à la pécherie. Toutefois les Armouchiquois &
autres plus esloignés plantent du blé & des
févés, mais ils laissent faire cela aux femmes.

Nos gens outre le labourage & iardinage, avoient l'exercice de la chasse, de la pécherie, & de leurs fortifications. Ils ne manquerent aussi d'exercice à remettre & couvrir les batimens & le moulin delaissez depuis nôtre retour en l'an 1607. Et d'autant que la fonteine estoit vn peu eloignée du Fort, ils firent vn pui dans icelui Fort, de l'eau duquel ils se sont fort bien trouvez. De sorte que (chose emerueillable)ils n'ont eu aucunes maladies, quoy qu'il y ait eu beaucoup de sujet d'en avoir par la necessité qu'ils ont soufferte. Car le Sieur de Sainct Iust fils dudit Sieur de Poutrincourt ayant eu mandement de retourner dans quatre mois (comme nous avons dit ci-dessus)on l'attendoit dans la fin de Nouembre pour avoir du rafraichissement, & toutesfois il n'arriva que le iour de Pentecoste, qui fut le 22. de May ensuivant Cela fut cause qu'il fallut retrencher les vivres qu'ils avoient en assez petite quantité. De manger toûjours du poisson (s'il n'est bó & ferme)ou des coquillages seuls sans pain, cela est dangereux, & cause la dysenterie, cóme nous avós rapporté ci-dessus de quelques Sauuages qui en sont morts, & pouvons en avoir autre témoignage par les gens du Sieur de Monts, qui moururent en nombre de vingt la premiere année qu'ils hiuernerent à Kebec, tát pour la nouveauté de la demeure, que pour avoir trop mangé d'anguilles & autres poissós, La chasse aussi ne se trouve pas à foison en vn lieu où il faut viure de cela, & où l'on fait vne demeure arrestée, C'est ce qui rend les

D ij

Sauvages vagabons, & fait qu'ilz ne peuvent
vivre en vne place. Quand ils ont esté six semaines en vn lieu il faut changer de demeure.
Ilz prindrent au terroir du Port Royal six Gri-
gnaces ou Ellans, cet hiver, dont ils en appor-
toient vn quartier ou moitié aux nôtres. Mais
cela ne va gueres loin à tant de gens. Le iour
de Pasques fleuries le fils ainé de Membertou
dit Louis, en poursuivoit vn, qui s'estant venu
rendre au Port Royal passoit l'eau, quand la
femme dudit Louis vint faire vne alarme en
criant plusieurs fois, *Ech'pada* , *Ech'pada* , c'est
à dire, Aux épées, Aux épées. On pensoit que
ce fussent quelques ennemis, mais il fut le bien
venu. Le Sieur de Poutrincourt se mit dans
vne chaloupe pour aller au devant, & avec vn
dogue il le fit tourner en arriere d'où il venoit.
Il y avoit du plaisir à le cotoyer si proche de sa
ruine. Si-tost qu'il approcha de terre, ledit
Louis le transperça d'une fleche, le Sieur de
Iouy luy tira vne arquebusade à la tête, mais
Actaudinech dit Paul fils puisné de Membertou lui coupa dextrement vne veine au
col, qui l'atterra du tout. Ceci donna vne
curée & consolation stomachale aux nôtres.
Mais cela ne dura pas toujours. Il fallut reve-
nir à l'ordinaire. Et faut penser qu'en ce re-
tranchement de vivres dont nous avons parlé
il y eut de grandes affaires pour le chef, car des
mutineries & conspirations survindrent , &
d'vn costé le cuisinier déroboit vne partie de
la portion des autres , & tel crioit à la faim, qui
avoit abondance de pain & de chair dans sa

cellule, ainſi que s'eſt veu par experience. Ceux qui portoient le blé au moulin, de quinze boiſſeaux n'en rendoient que douze de farine au lieu de dix-huiⅽt. Et de la neceſſité d'autrui ils troquoient avarement des Caſtors auec les Sauvages. Neantmoins (par trop de bonté) tant de fautes leur furent pardonnées apres viſitation faite. Pauvres ſots qui font des conſeils ſi legers, & ne voyent point ce qu'ils deviendront par apres, & que leur vie ne peut eſtre aſſeurée que par vn perpetuel exil de leur paトrie, & de tout ce qu'ils ont de plus cher au monde.

En cette diſette on eut avis de quelques racines que les Sauvages mangent au beſoin, leſquelles ſont bonnes comme Truffes. Cela fut cauſe que quelques pareſſeux ſe mirét avec les diligens à fouiller la terre, & firent ſi bien par leurs iournées qu'ils en defricherent environ quatre arpens, là où on a ſemé des ſegles & legumes. C'eſt ainſi que Dieu ſçait tirer du mal vn bien; il chaſtie les ſiens, & neantmoins les ſoutient de ſa main.

Quand l'hiver fut paſſé, & que la douceur du temps allecha le poiſſon à rechercher les eaux douces, on dépecha des gens le 14. Avril pour faire la quéte de cela. Il y a nombre infini de ruiſſeaux au Port Royal, entre leſquels ſont trois ou quatre où vient à foiſon le poiſſon au renouveau. L'vn apporte l'Eplan en Avril en quantité infinie. L'autre le Haren, l'autre l'Eturgeon & Saumó, &c. Ainſi furent lors deputez quelques vns pour aller voir à la riviere qui

eſt au profond du Port Royal, ſi l'Eplan eſtoit
venu. Ils y allerent, & leur fit Membertou(qui
eſtoit cabanné là)bonne chere, de chair & de
poiſſon. Delà-ils allerent au ruiſſeau nommé
Lieſſe par le Sieur des Noyers Advocat en Parlement, là où ils trouverent tant de poiſſon,
qu'il fallut envoyer querir du ſel pour en faire
bonne prouiſion. Ce poiſſon eſt fort ſavoureux
& delicat, & ne fait point de mal comme pour-
roient faire les coquillages : & vient enuiron
l'eſpace de ſix ſemaines en ce ruiſſeau : lequel
temps paſſé il y a vn autre ruiſſeau audit Port
Royal, où vient le Haren, item vn autre où
vient la Sardine en méme abondance. Mais
quant à la riuiere dudit Port, qui eſt la riviere
de l'Equille, depuis nommée la riviere du
Dauphin, au temps ſuſdit elle fournit d'Etur-
geons & Saumons à qui veut prendre la peine
d'en faire la chaſſe. Quand le Haren fut venu,
les Sauvages(ſelon leur bon naturel) firent des
feuz & fumees en leur quartier, pour en dóner
avis à noz François. Ce qui ne fut negligé. Et
eſt cette chaſſe beaucoup plus certaine que
celle des bois.

RETOVR EN LA NOVVELLE-
France.

L eſtoit le 10. de May quand la derniere cuiſſon du pain faite, on tint
conſeil de retourner en France, ſi dás
le mois n'arriuoit ſecours. Ce qui fut
preſt d'eſtre executé. Mais le iour de la Pente-

coſte Dieu envoya ſon eſprit conſolateur à
cette compagnie ja languiſſante, qui lui ſur-
uint bien à propos, par l'arrivée du Sieur de
Sainct Iuſt, duquel il nous faut dire quelque
choſe : car ci-devant nous l'avons laiſſé au port
de Dieppe, ſans avoir veu ce qu'il a fait depuis.
S'eſtant preſenté à la Royne ; elle fut merveil-
leuſement rejouie d'entendre la converſion de
pluſieurs Sauvages qui avoient eſté baptizés
avant le depart dudit ſieur de Sainct Iuſt, dont
ie fis vn recit public que ie preſentay à ſa Majeſté. La deſſus les Ieſuites ſe preſétér pour aller au
ſecours. La Royne le trouve bon. Elle les recõ-
mande. I'euſſe deſiré qu'avant partir quelqu'vn
euſt remontré à ſa Majeſté choſe qu'elle n'euſt
fait que trop volontiers : C'eſt d'envoyer quelque preſent de vivres & d'habits à ces Neophytes & nouveaux Chrétiens qui portét les noms
du feu Roy, de la Royne Regente, & de Meſſeigneurs & Dames les enfans de France. Mais
chacun regarde à ſon profit particulier. Ledit
ſieur de Sainct Iuſt apres ſon rapport fait, pre-
tendoit obtenir quelques defenſes pour le cõ-
merce des Caſtors, cuidant que la cõſideration
de la religion lui pourroit faire aiſément accorder cela. Ce qu'il ne peut toutefois obtenir. Et
voyant que cette affaire tiroit en longueur, &
qu'il falloit aller ſecourir ſon pere, ayant mandement de faire en ſorte d'eſtre de retour dans
quatre mois, il print cõgé de la Royne, laquelle
luy bailla de compagnie deux Ieſuites pour la
converſion des peuples Sauvages de delà. Mais
puis que le ſieur de Poutrincourt avoit pris vn

homme capable à son partement, il me semble
que ceux-ci (qui peuvent estre plus vtiles pardeça) se hasterét trop pour le profit dudit Sieur:
Car le retardement écheu à leur occasion lui a
prejudicié de beaucoup, & causé la rupture de
son association. Et faut en telles affaires fonder
la Republique premierement, sans laquelle l'E-
glise ne peut estre, ainsi que i'ay des-ja écrit ci-
dessus. I'en avoy dit mon avis audit sieur de
Sainct Iust, & qu'il falloit asseurer la vie avant
toutes choses, faire vne cuillette de bledz,
avoir des bestiaux, & des volatiles domestics,
devant que pouvoir assembler ces peuples.
Or ceste precipitation pensa, outre la perte
susdite, reduire la troupe qui estoit pardela à
vne miserable necessité, n'y ayant plus que la
cuisson de pain ja faite & distribuée.

Ledit Sieur de Poutrincourt s'estoit associé
de deux marchans de Dieppe, lesquels voyans
les susdits Iesuites, sçavoir le Pere Biar homme
fort sçavant Gascon de nation duquel Monsieur le premier President de Bordeaux m'a
fait bon recit ; & le Pere Nemon prest à s'em-
barquer, s'opposerent à cela, & ne voulurent
permettre qu'ils fussent du voyage, disant qu'ils
nourriroient volontiers toute autre sorte
d'hommes, Capucins, Minimes, Cordeliers,
Recollets, &c. mais quant à ceux-ci qu'ils
n'en vouloient point, & ne pouvoient tenir
leur bien-asseuré en leur compagnie. Que si la
Royne vouloit qu'ils y allassent, on leur ren-
dist leur argent, & qu'ils fissent ce que bon
leur sembleroit. Là dessus voila vn retardemét.
Il faut

Il faut écrire en Cour, remontrer à sa Majesté
l'occasion de cela, demander de l'argent pour
rembourser lesdits Marchans , faire des allées
& venuës : cependant la saison se passe. La
Royne leur ordonna deux mille escus, outre
lesquels ils firent des collectes par les maisons
des Princes, Seigneurs , & personnes devotes,
d'où ilz tirent aussi de bon argent. Bref ilz rem-
boursent lesditz Marchás de chacú deux milles
livres, & se mettent en fin à la voile le 26. de
Ianvier 1611. Le temps estoit difficile , la plus
rude saison de l'hiver. Ils furent quelque temps
en mer pensans combattre le vent, mais ils furent contraints de relacher en Angleterre, là où
ils furent iusques au 16. de Février. Et le 19.
Avril ils furent sur le grand Banc des Moruës,
où il trouverent des Navires de Dieppe & de
Sainct Malo. Et le 29. estans entre ledit Banc &
l'ile de Sable, ils cinglerent l'espace de douze
lieuës parmi des glaces hautes comme mon-
tagnes, sur lesquelles ils descendirent pour faire
de l'eau douce avec icelles , laquelle se trouva
bonne. Au sortir desdites glaces, fut rencontré
vn Navire du Sieur de Monts, auquel com-
mandoit le Capitaine Champlein, duquel nous
attendons le retour, pour entendre quelque
nouuelle découverte. Depuis lesdites glaces, ils
en rencontrerent d'autres continuellemét l'espace de cinquante lieuës, lesquelles ils eurent
beaucoup de peines à doubler. Et le cinquiéme
de May, ils découvrirent la terre & port de
Campseau, duquel on peut voir l'assiette dant
la grande Table geographique de mó Histoire,

Là ledit Pere Biar chanta la Meſſe. Et depuis ils allerent cotoyans la terre, en ſorte que le 21. de May ils mouïllerét l'ancre à l'entrée du paſſage du Port Royal.

Le ſieur de Poutrincourt avoit cedit iour fait aſſembler ſes gens pour prier Dieu, & ſe preparer à la celebration de la féte de Pentecôte. Et comme chacun s'eſtoit rangé à ſon devoir, voici environ trois heures apres le coucher vne canonade, & vne trompette, qui réveille les dormans. On envoye au devant. On trouve que ce ſont amis. Là deſſus allegreſſe & réjouïſſance, & actions de graces à Dieu en proceſſion ſur la montagne que i'ay mentionné ci-deſſus. La premiere demande que fit ledit Sieur à ſon fils, ce fut de la ſanté du Roy. Il luy fit réponſe qu'il eſtoit mort. Et interrogé de quelle mort, il lui en fit le recit ſelõ qu'il l'avoit entendu en France. Là deſſus chacun ſe print à pleurer, méme les Sauvages apres avoir entendu ce deſaſtre, dont ils ont fait le dueil fort long temps, ainſi qu'ils euſſent fait d'vn de leurs plus grands Sagamos.

A peine fut arriué ledit ſieur de Sainct Iuſt, que les Sauvages Etechemins (qui ayment le ſieur de Poutrincourt) lui vindrent annoncer qu'il y avoit en leurs côtes trois Navires, tant Maloïns que Rochelois, leſquels ſe vantoient de le devorer ainſi que feroit le Gougou vn pauvre Sauvage. Ce qu'entendu par ledit ſieur de Poutrincourt, il n'eut la patience de faire deſcharger le vaiſſeau nouuellemét arrivé, ains à l'inſtant méme alla ancrer au-devant deſ-

dits trois Navires, & fit venir tous les Capitai-
nes parler à lui, qui preterent obeïſſance, &
leur fit ledit ſieur reconoitre l'authorité de ſon
fils, comme Vic'Admiral eſdictes terres du
Ponant. Vn Navire Maloin voulant faire quelque rebellion, fut prins, mais ledit ſieur ſelon
ſa debonnaireté accouſtumée, le relacha, apres
lui avoir remontré de ne plus venir en mer ſans
ſa Charte partie. Là le pere Birat dit la Meſſe,
& fit ce qu'il peut pour ranger vn chacun à ce
qui eſtoit du devoir. Et particulierement il fit
reconoître ſa faute à vn ieune bôme qui avoit
paſſé l'hiver parmi les hommes & les femmes
Sauvages, lequel demanda pardon à qui il ap-
partenoit, & receut la Communion de ſa main.
Cela fait chacun revint au Port Royal en grâde
rejouïſſance.

Le retardement ſuſdit eſt cauſe que leſditz
navires & autres eſtás arrivés devant ledit ſieur
de St. Iuſt, ils ont enlevé tout ce qui eſtoit de
bon au païs pour le commerce des Caſtors &
autres pelleteries, leſquelles fuſſent venuës és
marins du Sieur de Poutrincourt ſi ſon fils fuſt
retourné par-dela au temps qui lui avoit eſté
enioint. Et davantage on en euſt ſauvé pour
plus de ſix mille eſcus que les Sauvages ont
mangées durant l'hiver, leſquelles ilz fuſſent
venus troquer audit Port Royal s'il y euſt eu
les choſes qui leur ſont neceſſaires. Vne faute
auſſi fut cômiſe avant le partement de Dieppe
par l'infidelité du Contre-maiſtre de navire,
lequel ayant charge d'entuner (c'eſt à dire mettre dedans) le blé, le détournoit à ſon profit.

Ce qui ayda à la difette que ñoz François ont
par-dela foufferte. Et neantmoins Dieu les a
tellement fuftentés, qu'il n'y a eu aucun malade: voire ceux qui en font de retour fe plai-
ent à cela, & n'y en a pas vn qui ne foit en
volonté d'y retourner.

EFFECTS DE LA GRACE
de Dieu en la Nouvelle-France.

NOVs pouvons mettre ce que ie viens
de dire entre les effects de la grace de
Dieu: comme auffi les racines qu'il leur envoya au befoin, dont nous avons parlé, & fur-
ce l'exercice des pareffeux qui ne s'eftoient
voulu occuper à la terre, lefquels fans y penfer
en cultiverent vn beau champ en cherchant
defdites racines. Mais particulierement encore
l'exemption de maladies, qui eft vn miracle
tres-evident. Car és voyages precedens il ne
s'en eft iamais paffé vn feul fans mortalité, quoy
qu'on fuft bien à l'aife. Et en cetui-ci non feulement les fains ont efté preferuez, mais auffi
ceux qui eftoient affligez de maladie en France
ont la receu guarifon. Tefmoin vn honéte
perfonnage nommé Bertrand, lequel à Paris
eftoit journellement tourmenté de la goutte,
de laquelle il a efté totalement exempt pardela. Mais depuis qu'il eft de retour, le même
mal eft retourné avec plus d'effects de douleurs
qu'auparauant, quoy qu'il fe garde fans aucun
exercice.

Mais qui ne recognoiſtra vne ſpeciale grace
de Dieu en la perſone dudit Sieur de Poutrincourt & les gens, lors qu'il fut porté par vn
vent de terre à la haute mer en danger d'aller
voir la Floride, ou d'eſtre accablé des ondes, au
retour de la conduite de ſon fils, ainſi que nous
avons rapporté ci-deſſus.

J'appelle auſſi miracle de voir que les pauvres peuples de delà ont conceu telle opinion
de la Religion Chrétienne, que ſi-toſt qu'ilz
ſont malades ilz demãdent eſtre baptizez, voire encore qu'ilz ſoient ſains, ils y vont avec
vne grande Foy, & diſent qu'ilz veulent eſtre
ſemblables à nous recognoiſſans fort bien leur
defaut en cela. Membertou grand Sagamos
exhorte vn chacũ des Sauvages à ſe faire Chretiens. Et teſmoignẽt tous que depuis qu'ils ont
receu le baptéme ils ne craignent plus rien, ilz
vont hardiment de nuiɛ̃t, le diable ne les
tourmente plus.

Quand le Sieur de Sainɛ̃t Iuſt arriva à Cam-
pſeau, les Sauvages non baptizez s'enfuioient
de peur. Mais les baptizés en nombre d'environ cinquante s'approcherent hardiment diſans, Nous ſommes tes freres Chretiens comme toy, & tu nous aymes. C'eſt pourquoy
nous ne fuyons point, & n'avons point de
peɛ : Et porterent ledit Sieur ſur leurs bras &
épꝛ ules juſques en leurs cabannes.

Sur la fin du Printemps les enfans de Mem-
be rtou eſtans allés à la chaſſe, en laquelle ilz fi-
re nt long ſciour, avint que ledit Membertou
fut preſſé de neceſſité de viyies, & en cette di-

fette il fe fouvint de ce qu'il avoit autrefois ouï dire à noz gés que Dieu qui nourrit les oifeaux du ciel, & les bétes de la terre, ne delaiſſe iamais ceux qui ont efperance en lui, felon la parolle de nôtre Sauveur.

En cette neceſſité donc il fe met à prier Dieu, ayant enuoyé fa fille voir au ruiſſeau du moulin s'il y auroit point apparence de pouuoir faire pecherie. Il n'euft efté gueres long temps en prieres que voici fadite fille arriver criant à haute voix, *Nouchich', Beggin pech'kmok, Beggin ëta pech'kmok* : c'eft à dire : Pere, le haren eft venu ; le haren certes eft venu. Et vit par effect le foin que Dieu a des fiens, à fon contentement. Ce qu'il avoit vne autrefois eprouvé, ayant'eu (ou les fiens) à tel befoin la rencontre d'un Ellan, & encore vne autrefois vne Baleine échouée.

Qui voudra nier que ce ne foit vn fpecial foin de la providence de Dieu envers les fiens, quand il enuoya au Sieur de Poutrincourt le fecours defiré le iour de la Pentecofte derniere, duquel nous avous fait mention cy-deſſus?

Ie ne veux rememorer ce que i'ay écrit en mon Hiftoire de la Nouvelle-France, livre 4. chap. 4. de la merveille avenuë au premier voyage du Sieur de Monts en la perfonne de Maitre Nicolas Aubri Preftre d'vne bonne famille de Paris, lequel fut feze iours perdu dans les bois, & au bout dudit temps trouvé fort extenué, à la verité, mais encore viuant, & vit encore à prefent, aymant fingulierement les entreprifes qui fe font pour ce païs là, où le deſit le porte plus qu'il ne ſit iamais, comme auſſi tous autres qui y ont fait voyage, leſquels i'ay préque tous veux deſireux d'y hazarder leur fortune, ſi Dieu leur ouvroit le chemin pour y faire quelque choſe. A quoy les grans ne veulent point entendre, & les petits n'ont les ailes aſſez fortes pour voler iuſques là. Neantmoins c'eſt choſe étrange & incroyable de la reſolution tant dudit Sieur de Monts, que dudit Sieur de Poutrincourt, le premier deſquels a touíours continué depuis dix ans d'envoyer par delà : & le ſecond, nonobſtant les difficultez que nous avons recitées ci-deſſus, n'a laiſſé d'y r'envoyer nouuellement, attendant ici le renouveau, pour aller revoir les qens. Dieu doint à l'vn & à l'autre le moyen de faire choſe qui reüſiſſe à la gloire de ſon nom, & au bien des pauvres peuples que nous appellons Sauvages.

A DIEV SEVL HONNEVR ET GLOIRE.

Extrait du Priuilege du Roy.

PAR grace & Priuilège du Roy, il est permis à Iean Millot Marchant Libraire en l'Vniuersité de Paris, d'imprimer, ou faire imprimer, vendre & distribuer par tout nostre Royaume tant de fois qu'il luy plaira, en telle forme ou charactere que bõ luy semblera, vn liure intitulé *Histoire de la Nouvelle-France contenant les nauigatiõs faites par les François és Indes Occidentales, & terres-neuves de la Nouuelle-France, & les decouuertes par eux faites esditz lieux,* A quoy sont adjoutées *les Muses de la Nouuelle France.* Ensemble plusieurs Chartes en taille douce, où sont les figures des Provinces, & Ports, & autres choses seruans à ladicte Histoire, composée par M A R C L E S-C A R B O T Advocat en la Cour de Parlement. Et ce jusques au temps & terme de six ans finis & accompiis, à cõpter du jour que lédit livre sera acheué d'imprimer. Pendant lequel tẽps defenses sont faictes à tous Imprimeurs, Libraires, & autres de quelque estat, qualité ou condition qu'ils soient, de non imprimer, vendre, contrefaire, ou alterer ledit liure, ou aucune partie d'iceluy, sur peine de cõfiscation des exemplaires, & de quinze cens livres d'amende appliquable moitié à nous, & moitié aux pauvres de l'hostel Dieu de cette ville de Paris, & despens, dommages, & interests dudit exposant : Nonobstant toute clameur de Haro, Charte Normande, Privileges, lettres ou autres appellations & oppositiõs formees à ce contraires faictes ou a faire. Et veut en outre ledit Seigneur, qu'en mettant vn extraict dudit Privilege au cõmencement, ou à la fin dudit livre, il soit tenu pour deuëment signifié, cõme plus amplement est declaré par les patentes de sa Majesté. Donné à Paris le 27. iour de Novembre, l'an de grace 1608. Et de nostre regne l'vnziéme.

Par le Roy en son Conseil.

Signé,   B R I G A R D.